Jean-Claude Mourlevat

Sophie Scholl – »Nein zur Feigheit«

Jean-Claude Mourlevat

Sophie Scholl – »Nein zur Feigheit«

Aus dem Französischen
von Carolin Wiedemeyer

Anaconda

Die französische Originalausgabe erschien 2013 unter dem
Titel *Sophie Scholl: »Non à la lâcheté«* bei Actes Sud in Arles.
Lizenzausgabe mit freundlicher Genehmigung.

Die Deutsche Nationalbibliothek verzeichnet
diese Publikation in der Deutschen Nationalbibliografie;
detaillierte bibliografische Daten sind im Internet
unter http://dnb.d-nb.de abrufbar.

Umschlagmotiv: Hans und Sophie Scholl mit Christoph Probst,
Foto: George (Jürgen) Wittenstein / akg
Umschlaggestaltung: Druckfrei. Dagmar Herrmann, Köln
Satz und Layout: Andreas Paqué, www.paque.de
Printed in Czech Republic 2014
ISBN 978-3-7306-0089-4
www.anacondaverlag.de
info@anacondaverlag.de

1

Mittwoch, 27. Januar 1943

Der Nachmittag neigt sich dem Ende zu. Es herrscht Krieg und der Münchner Hauptbahnhof ist voll von Flüchtlingen mit blassen Kindern und Soldaten in Uniform. Eine junge Frau nähert sich dem Fahrkartenschalter mit einem Koffer in der Hand. Ihr Gesicht ist weich und kindlich. Die braunen Haare sind nach rechts gescheitelt und werden von einer Spange gehalten. Sie trägt einen Mantel mit rundem Kragen, ein Kleid, Kniestrümpfe und flache Schuhe. Ihr Name ist Sophie Scholl.

Als sie an der Reihe ist, bittet sie um eine Fahrkarte nach Stuttgart hin und zurück. Drei Stunden Fahrzeit mit dem Schnellzug. Eigentlich kein Grund nervös zu werden, es ist doch ganz einfach zu sagen: »Eine Fahrkarte nach Stuttgart hin und zurück, bitte sehr«, aber als sie anhebt, hört sie, wie ihre Stimme zittert und zu versagen droht. Wenn nur ihr Gang, ihr Blick, ihr Atem sie nicht verraten. Ihr Herz klopft und ihr Magen rumort. Jedes Mal hat sie mit der gleichen unkontrollierbaren Angst zu kämpfen. Es beginnt jedes Mal, sobald sie mit dem Koffer in der Hand die Wohnung in der Franz-Josef-Straße 13b verlässt, in der sie mit ihrem großen Bruder zusammenlebt.

Hans ist 25 Jahre alt und studiert Medizin an der Universität. Eigentlich ist er nur zur Hälfte Student und zur anderen Hälfte Soldat, wie alle seine Kameraden. Sie, Sophie, ist 21 Jahre alt. Sie hat ihr Elternhaus in der kleinen Provinzstadt Ulm letzten Frühling verlassen, um zu ihrem Bruder hier nach München zu ziehen. Sie studiert Biologie und Philosophie.

Sie würde gerne in der Menge verschwinden, unsichtbar werden. Aber ihr ist, als würde sie den gesamten Platz einnehmen, als ob alle in diesem Bahnhof nur auf sie schauen würden. Sie fühlt sich nicht mehr sicher auf dem Bahnsteig. Der Griff des Koffers scheint ihr die Hand zu verbrennen. Denn die Gefahr lauert überall: die Soldaten der Wehrmacht, die Kriminalpolizei, die Gestapo. Solange sie diesen Koffer in der Hand hält, ist sie in Todesgefahr. Und das weiß sie.

Seit einiger Zeit schon berichten die Zeitungen täglich über Todesurteile, die der Volksgerichtshof gegen Regimegegner ausgesprochen hat, auch wenn diese sich nur mit Worten widersetzen: Studenten, Professoren, Künstler, Arbeiter, Priester, Pastoren … Und die letzten Seiten der Zeitungen sind voll mit Todesanzeigen für Soldaten, die an der Front gefallen sind. Die Zeitungen sind zu Friedhöfen geworden.

Als der Zug anhält, springt sie eilig auf das Trittbrett und hinein in den Wagen. Sie muss unbedingt als Erste einsteigen, um den Koffer möglichst weit entfernt von sich abzustellen. Geschafft. Wenn man ihn entdeckt, wird sie behaupten, dass er ihr nicht gehöre. Sie nimmt am anderen Ende des Wagens Platz, schließt die Augen und gibt vor zu schlafen. Sie zwingt sich, langsam zu atmen. Allmählich geht es ihr ein bisschen besser.

Der Zug rast durch die Landschaft im schwächer werdenden Dämmerlicht. Durch ihre halbgeschlossenen Augen schaut sie auf die Hügel, die Weinberge, die Flüsse. Sie betrachtet vor allem den rot gefärbten Abendhimmel. Sie beobachtet auch den alten Mann gegenüber, der mit einer Zeitung auf den Knien vor sich hin döst. » Hass ist unser Gebet – und der Sieg unser Lohn«, liest sie auf der ersten Seite, obwohl diese verknittert ist. »Der Hass ist unser Gebet …« Wie kann man so eine Abscheulichkeit drucken? Und wie vor allem kann man so etwas denken? Es ist pervers, diese beiden Wörter zu verbinden. Beten ist doch das Gegenteil von Hass, oder nicht? Die Journalisten sollten lieber darüber berichten, was tatsächlich in Europa passiert, seit Hitler seinen totalen Krieg erklärt hat. In Polen zum Beispiel, wo die Zivilbevölkerung massakriert wird. Oder in Stalingrad, wo schon 300.000 deutsche Soldaten gefallen sind. Aber sie schweigen, die Journalisten. Sie gehorchen. Das ganze Land gehorcht. Wenn man anderer Meinung ist als die Nazis, hat man die Wahl zwischen Schweigen und Fallbeil.

In Stuttgart steigt sie aus und ihr Herz beginnt wieder heftig zu rasen, aber nicht weil sie hier den Mann wiedersehen wird, den sie liebt. Es gibt kein Rendezvous. Schade. Dabei gibt es ihn, den einen. Er heißt Fritz Hartnagel und ist Hauptmann bei der Wehrmacht. Er ist zur Zeit an der Ostfront in Stalingrad stationiert und sie hat ihn seit sechs Monaten nicht mehr gesehen. Das war im Sommer an der Nordsee, bei seinem letzten Fronturlaub. Sie machten lange Spaziergänge am Strand. Es gab keine Soldaten, keine Flugzeuge, keine Bomben, nur Wind, Sand, den Himmel und ihre Träume. Dann musste er zurück in die Hölle. Er verbrachte Wochen im Freien, im russischen Winter bei minus 30 Grad, seine Einheit wurde aufgerieben, seine Hände waren erfroren und ihm wurden zwei Finger in einem Militärhospital amputiert. All dieses Leid … Wird er nicht nur noch ein Schatten seiner selbst sein, wenn er heimkehrt, wenn er denn eines Tages heimkehrt? Ja, die Menschen müssen die Wahrheit erfahren. Der Krieg muss beendet werden.

In Stuttgart angekommen wartet sie, bis alle Reisenden ausgestiegen sind, bevor sie ihren Koffer holt. Die Hand am Koffergriff löst sofort wieder die gleiche Angst aus wie in München. Ihr dreht sich der Magen um. Der Schmerz weitet sich bis zu ihrer Brust aus, wie eine Armee roter Ameisen.

Es ist Nacht, als sie aus dem Bahnhof tritt. Umso besser. Sie geht rasch in die umliegenden Straßen, verlangsamt ihren Schritt vor jedem Briefkasten, vergewissert sich, dass niemand sie sieht, und wirft einen Umschlag mit einem Flugblatt hinein. Wenn sie keine Umschläge mehr hat, hält sie in einem dunklen Hauseingang und holt sich eine neue Handvoll aus ihrem Koffer. Sie klemmt die Flugblätter unter die Scheibenwischer der parkenden Autos, deponiert sie in Telefonzellen, zwischen den Seiten der Telefonbücher.

600 Flugblätter gilt es zu verteilen. Und 600-mal die gleiche Unsicherheit: Hat mich jemand gesehen? Jeder Blick, der sich auf sie richtet, kann ihr Schicksal besiegeln: *Was machen Sie da, Fräulein? Kann ich mal sehen, was Sie in Ihrem Koffer haben?*

Dieses Flugblatt ist das fünfte, das von der Widerstandsgruppe der Münchner Studenten verteilt wird, und die Nazis macht es rasend, dass sie die Verfasser bisher noch nicht ausfindig machen konnten. Das Flugblatt spricht Klartext: Es stellt fest: »Hitler kann den Krieg nicht gewinnen, nur noch verlängern!« Es klagt an: »Was aber tut das deutsche Volk? Es sieht nicht und es hört nicht!

Blindlings folgt es seinen Verführern ins Verderben!« Es fleht: »Zerreißt den Mantel der Gleichgültigkeit, den ihr um Euer Herz legt!« Es warnt: »Sollen wir auf ewig das von aller Welt gehasste und ausgestoßene Volk sein?« Es ermutigt: »Ein neuer Befreiungskrieg bricht an. Der bessere Teil des Volkes kämpft auf unserer Seite!« Es fordert Redefreiheit und Schutz vor Willkür. Es beschwört bereits ein föderalistisches Deutschland. Es kündigt die Gründung einer neuen Gesellschaft an. Es spricht von Gewissen, von wiedergefundener Ehre.

Als Sophie diese Worte das erste Mal gelesen hat, war sie begeistert. Worte, die Hoffnung machen, die aber auch verboten und schrecklich gefährlich sind. Aber das war ihr egal. Seit dem Tag, als sie erfuhr, dass ihr Bruder der Verfasser war, dass er das Zentrum des Widerstands in München war, wollte sie dabei sein. Sie wollte die Texte abtippen, sie vervielfältigen, sie verteilen, egal um welchen Preis.

Hans hat mit dem Kampf im letzten Sommer begonnen; da waren sie nur zu zweit: er und sein Freund Alexander Schmorell, ein großer Junge mit russischen Vorfahren, lustig, ungezwungen und voller Eleganz. Sie nannten sich *Die Weiße Rose*. Sophie wusste nichts von alledem. Nach und nach kamen andere Studenten hinzu: Christoph Probst, der mit Hans sein Interesse für Wissenschaft und Literatur gemein hat, Willi Graf, wortkarg und besonnen, sowie ihr leidenschaftlicher Professor für Philosophie, Dr. Kurt Huber, der nicht davor zurückschreckt, die Nazis in seinen Kursen zu verspotten. Und Sophie. Eine Straße. Eine andere. Und noch eine. Der Koffer wird leichter und ihre Beine schwerer. Sie hat Hunger. Sie versteckt den Koffer hinter einem Bretterzaun, geht zum Bahnhof zurück, bestellt sich einen Kartoffelsalat und isst ihn im Stehen. Die große Bahnhofsuhr zeigt 23 Uhr an. Sie geht zurück, holt den Koffer heraus und setzt ihr gefährliches Spiel fort.

Wenn ihre Eltern sie dort sehen würden, wären sie entsetzt. *Sophie, was tust du? Weißt du, was du riskierst?* Und doch teilt ihr Vater die gleichen Ansichten wie sie. Er hat schon sehr früh, seit 1933, verstanden, dass Hitler und seine Bande das Land in die Katastrophe führen. »Es sind Wölfe«, sagte er, und verglich Hitler mit dem Rattenfänger von Hameln, der kleine Kinder in ihr Verderben führt.

Aber warum sollten sie ihm glauben? Die Hitlerjugend vermittelte ihnen so viel Stolz und Glücksgefühl. Sie lebten in einer Gemeinschaft, mitten in der schönen Natur Deutschlands, alle waren vergnügt und hielten zusammen. Sie sangen, ein- oder mehrstimmig, abends am Lagerfeuer. Sie marschierten zum Klang der Trommeln. Sie leisteten den Eid unter der Fahne. Und vor allem: Sie wurden ernst genommen, Mädchen wie Jungen. Wie sollten sie dem widerstehen, im Alter von fünfzehn Jahren? Am Vorabend des Krieges gehörten übrigens 98

Prozent der jungen Deutschen dieser Bewegung an.

Sie erinnert sich: Hans hatte in seinem Zimmer einen Stich mit Hitlers Konterfei an der Wand. Jeden Abend, wenn ihr Vater von der Arbeit nach Hause kam, nahm er es von der Wand ab, und jeden Morgen hängte Hans es wieder an seinen Platz. Bis er selbst Zweifel bekam: Ihm wurde verboten, die traditionellen russischen und norwegischen Lieder zu singen, die er so liebte; man bestrafte ihn, weil er seiner Hitlerjugendflagge eine eigene Note verliehen hatte. Dann gab es diese schrecklichen Gerüchte bezüglich der Juden, der Behinderten, der geistig Kranken, all dieses »unnütze« Leben, das eliminiert werden sollte. Neue Wörter tauchten auf wie »Konzentrationslager«. Und es gab diese Schriftsteller, die man auf einmal nicht mehr lesen durfte, diese verbannten Philosophen. Man hatte auf einmal das Gefühl, in einem großen, schönen Haus zu wohnen, wissend, dass im Keller schreckliche Dinge vor sich gingen, schändliche, dunkle Dinge.

Sophie fährt am nächsten Morgen nach München zurück, den leeren Koffer über sich im Gepäcknetz. Welche Erleichterung! Einmal mehr ist sie erfolgreich gewesen. Vorige Woche war sie in Augsburg, wo sie 200 Flugblätter verteilt hat. In einigen Tagen wird sie nach Ulm reisen. Und die anderen haben auch gut gearbeitet: Alexander Schmorell war in Österreich, in Salzburg und sogar in Linz und Wien. Hans hat Flugblätter in den Straßen von München verteilt, in der Nacht, trotz des Fliegeralarms. Nur Christoph Probst ist es verboten, sich so öffentlich zu zeigen. Warum? Weil er junger Familienvater ist. Er hat zwei kleine Jungs im Alter von drei und zwei Jahren und seine Tochter, die jüngste, ist gerade mal drei Wochen alt.

Sie haben auch Hunderte von Flugblättern per Post verschickt, in frankierten Umschlägen. Sie sind adressiert an Intellektuelle, an die Elite, an solche, die die Mittel haben, auf die Gedanken ihrer Mitbürger Einfluss zu nehmen. Ganze Nächte haben sie in dem Atelier durchgearbeitet, das ihnen von einem gleichgesinnten Architekten zur Verfügung gestellt wurde. Sie haben Kontakt aufgenommen mit anderen Studentengruppierungen in Berlin, Hamburg, selbst im Ausland. Und wenn es ihnen am Ende durch ihre Beharrlichkeit tatsächlich gelingen sollte, das Schweigen zu brechen? Wenn es ihnen gelingen sollte, die Leute zu überzeugen, ihre Angst zu überwinden?

Dieser Winter 1943 ist erstaunlich mild in Süddeutschland. Der Frühling kündigt sich an. Sophie betrachtet aus dem Zugfenster den tiefblauen Himmel und die weißen Wölkchen, die hoch oben vorbeiziehen, wie die Flügel eines seltsamen Vogels. Gott weiß, wie sie es liebt, den Himmel zu betrachten! Seine Reinheit fasziniert sie. Sie würde sich gerne darin verlieren, zurückkehren in die unschuldige Zeit, als sie zehn Jahre alt war, als sie noch nicht diesen Kampf gegen das Böse führen musste. Sie hat ein paar Stunden Pause vor sich, ihr Koffer ist leer und für kurze Zeit ist sie nicht in Gefahr. Sie schließt die Augen. Der Zug ruckelt und schüttelt sie durch. Aber diesmal schläft sie wirklich ein.

2

Donnerstag, 4. Februar 1943

Sophie hastet mit ihrer Schwester Elisabeth in Richtung Universität. Lisl ist nach München gekommen, um ein paar Tage mit Hans und Sophie zu verbringen, und sie hat ihnen beim »Frühjahrsputz« geholfen. Sie ist zwar nicht als Studentin eingeschrieben, aber sie möchte unbedingt zu einer Vorlesung des berühmten Professor Huber. Sie sind von der Franz-Josef-Straße zu Fuß losgegangen. Die Morgensonne wärmt sie, sie haben ihre Mäntel über den Arm gelegt und besprechen lebhaft die letzten Vorkommnisse. Gestern Abend wollten sie mit einer Freundin zu einer Theateraufführung, aber die Vorführung wurde abgesagt, wegen Stalingrad, hieß es. Die deutsche Armee musste dort kapitulieren.

»Es soll ein Trauertag sein«, sagt Sophie, »ich finde, man sollte eher von einem Freudentag sprechen.«

Lisl stimmt zu.

»Ja, es ist das Ende des Gemetzels. Aber dennoch, sich über die Niederlage der Armee des eigenen Landes zu freuen, das ist doch seltsam, oder? Aber vielleicht kann Werner so früher heimkehren. Und Fritz auch …«

Die beiden Schwestern verstehen sich gut. Wie alle Scholls übrigens. Sie sind zu fünft. Die Älteste, Inge, ist 26 Jahre alt. Hans ist der Zweitälteste. Dann kommt Lisl mit 22 Jahren, dann Sophie. Schließlich Werner, der Jüngste, 20 Jahre alt, der an der russischen Front kämpft. Sie verabscheuen alle die derzeitige Regierung. Rebellion, das ist eine Familien-Spezialität bei den Scholls. Das kommt vom Vater, Robert, der 1942 sogar schon mal verhaftet wurde und für vier Monate ins Gefängnis musste, weil er den Führer in einem Brief als »Geißel Gottes« bezeichnet hatte. Und es zieht sich durch bis zu Werner, der den Mut hatte, die Hitlerjugend zu verlassen und somit nicht mehr das Recht hat, Abitur zu machen oder sich an der Uni einzuschreiben. Aber der Engagierteste, der den Kampf zu seiner Lebensaufgabe macht, das ist Hans. Er ist intelligent, leidenschaftlich, voll überbordender Energie. Seine eigentliche Bestimmung ist die Politik. Er wird eine wichtige Rolle im neuen Deutschland spielen, wenn der Krieg vorbei ist, das ist sicher.

»Hast du davon gehört, was vor zwei Wochen im Deutschen Museum mit dem Gauleiter passiert ist?«, fragt Sophie, als sie in die Leopoldstraße einbiegen.

»Nein, erzähl.«

»Stell dir die Szene vor: Der Gauleiter hält eine Rede anlässlich des 470. Geburtstag der Universität. Anwesenheit ist Pflicht, also sind wir Studentinnen alle da und hören ihm von Weitem zu. Und auf einmal lässt er diese Ungeheuerlichkeit ab: ›Sie täten besser daran, dem Führer Kinder zu schenken, als Ihre Zeit mit Studieren zu vergeuden!‹ Was für eine Beleidigung, stell dir vor. Wir rufen, protestieren und fangen an, den Saal zu verlassen. Da lacht er höhnisch und sagt: ›Natürlich, wenn einige von Ihnen zu hässlich sind, um einen Freund zu finden, bin ich bereit, Ihnen meine Adjutanten zu schicken und ich verspreche Ihnen, dass Sie schöne Momente verleben werden.‹«

Elisabeth hält mitten auf dem Bürgersteig an, offensichtlich verblüfft:

»Das hat er wirklich gewagt zu sagen?«

»Sie trauen sich alles, wusstest du das nicht? Wir haben ihn dann ausgebuht. Die Jungs haben sich uns angeschlossen. Sie haben sogar den Nazi-Studentenvertreter weggestoßen. Du hättest dieses Chaos sehen müssen! Ach, wenn doch nur alle Welt so reagieren würde und wenn alle ihre Angst vergessen würden und alle zusammen rebellieren würden …«

In diesem Moment hätte Sophie ihrer großen Schwester nur zu gerne ihr so schwer zu hütendes Geheimnis anvertraut: »Hör zu,

Lisl, Hans und ich, wir sind in einer Widerstandsgruppe, wir verfassen Flugblätter, wir verteilen sie, letzte Nacht erst war ich in Stuttgart und …« Aber das oberste Gebot bei ihren Untergrundaktivitäten, das, wovon ihr Leben abhängt, ist die Vorsicht, und damit das Stillschweigen. In dieser Beziehung ist Hans von absoluter Strenge: Man spricht mit niemanden, auch nicht mit der eigenen Familie. Am Telefon meldet man sich niemals mit wahrem Namen und man spricht niemals von den anderen. Briefe dürfen niemals irgendeine Anspielung auf die Sache enthalten, auch nicht die entfernteste.

Die beiden Schwestern beeilen sich, um nicht zu spät zu der Vorlesung von Professor Huber zu kommen. Elisabeth ist einen halben Kopf größer als Sophie. Sophie war immer die »Kleine« in der Familie, die Jüngste, der kleine Schelm. Wenn sie wüssten, wie sehr sie sich manchmal von Schwermut überwältigt fühlt. Diese Mischung war schon immer in ihr: die Lebensfreude und manchmal, ganz plötzlich, diese Traurigkeit, dieses Bedürfnis, nichts mehr zu sein, nicht mal mehr ein Baum oder eine Pflanze, nur noch ein kleines Stück Rinde.

Sie erreichen die Ludwigstraße und Elisabeth hält zum zweiten Mal überrascht inne:

»Sophie, schau!«

Jemand hat auf die Fassade eines Gebäudes mit schönen weißen Buchstaben ein unfassbares »Nieder mit Hitler!« gemalt, es springt ihnen geradezu ins Gesicht. Und zehn Meter weiter noch ein Spruch. Und noch zwei, einer über dem anderen! Insgesamt sind es mehr als fünfzig! Sie gehen weiter, mit offenem Mund, und treffen ungläubige Passanten, die sich kaum trauen, auf die Sprüche zu schauen, aus Angst, sich mit einem einzigen Blick zu kompromittieren. Wer hat diesen aberwitzigen Mut, die Wände derart zu beschmieren? Wer wagt es, den Nazis zu trotzen?

In Wahrheit kennt Sophie die Antwort auf diese Frage nur zu gut und sie verspürt Stolz und Angst zugleich. Gestern Nacht, ganz spät, hat sie Schritte und Lachen auf dem Flur gehört. Sie ist aufgestanden und hat Alexander Schmorell, Willi Graf und ihren Bruder Hans in der Küche vorgefunden, mit Farbe bekleckst, lachend und gerade dabei, eine Flasche Wein zu öffnen.

»Was habt ihr …?«, hob sie an. Hans legte den Finger auf den Mund.

»Pst, kleine Schwester! Frag nicht und trink ein Glas mit den Künstlern.«

Dutzende »Nieder mit Hitler« also, auf wunderbare Weise aus dem Nichts aufgetaucht an diesem Morgen. Das ist ein überwältigender Eindruck, fast irreal! Aber das ist noch nicht die letzte Überraschung. Auf beiden Seiten des Eingangs zur Universität wird es noch besser. Das Wort »Freiheit« ist mehrfach auf die Mauern gemalt. Das Weiß leuchtet, explodiert. Es ist wie ein Schrei: FREIHEIT! Schon sind ein paar Frauen dabei, mit Schwämmen und Bürsten die Buchstaben abzuwaschen. Sophie nähert sich:

»Lassen Sie, man muss es doch lesen können. Dafür wurde es doch geschrieben, oder?«

»Nix verstehen«, antwortet die eine Frau.

Es sind Russinnen, die zum Arbeitsdienst verpflichtet worden sind.

Plötzlich bemerkt sie Hans unter den anderen Studenten. Er erkennt sie von Weitem, winkt ihr zu und lächelt. Er geht seit einiger Zeit etwas gebeugt, ist ihr aufgefallen. Er hält sich schlecht. Vor Müdigkeit sicherlich. Die Tage an der Universität und die Nächte im Atelier wechseln sich ab. Der Schlafmangel hat sie alle erschöpft. Ein Student raunt ihm zu:

»Hast du das gesehen, Hans? Das haben die gut gemacht!«

Hans lacht laut auf:

»Nein, ich habe nichts gesehen, wovon redest du?«

Und Sophie spürt den ihr schon bekannten Schmerz in der Brust. *Bis wohin wirst du gehen, großer Bruder? Bis wohin werden wir zusammen gehen?*

Es ist Nachmittag. Lisl ist wieder abgereist. Die Postfiliale in der Leopoldstraße 23 hat gerade geöffnet und einige Kunden stehen vor dem Schalter in der Schlange. Sophie stellt sich mit unschuldiger Miene hinten an. Seitdem sie Flugblätter per Post verschickt haben, ist die Gestapo ihnen auf den Fersen und alle Postbüros sind alarmiert: Sofort melden, wenn jemand eine größere Anzahl Briefmarken kaufen will. Sophie liebt es, solche delikaten Aufgaben zu übernehmen. Das liegt ihr. Sie ist klein, unscheinbar, sie fällt nicht auf. Bei den Versammlungen der Widerstandsgruppe, bei denen neue Strategien ausgearbeitet werden, schweigt sie meistens. Sie bereitet Kaffee zu. Oder sie hält sich ein wenig abseits, dreht einen Stift in ihren Fingern und hört zu. Sie lässt die Älteren, die Erfahreneren reden. Aber fünfzig Briefmarken kaufen gehen, das macht sie gerne. Was nicht heißt, dass ihr Herz nicht wieder zu pochen beginnt, genau wie jedes Mal, wenn sie den Koffer in der Hand hat.

»Ja bitte, Fräulein?«, fragt der Postbeamte, ein großer Mann mit kahlem Kopf.

»Ich hätte gerne Acht-Pfennig-Briefmarken, bitte.«

Das sind die kleinen, roten Marken mit Hitlers Portrait darauf. Sie sind für gewöhnliche Briefsendungen.

»Wie viele?«

»Fünfzig.«

Das ist der entscheidende Moment. Schon mehrmals ist es ihr passiert, dass der Beamte bei dieser Zahl sagte: »Einen Moment, Fräulein«, aufstand und im Nachbarraum verschwand. In dem Fall war sie natürlich verschwunden, bevor er wiederkam. Diesmal hat sie vorgesorgt und extra ein kleines Hakenkreuz an ihrem Mantelkragen befestigt, das sie ihrer Vermieterin aus der Schublade geklaut hat. Was man natürlich nicht tun sollte!

Der Mann, der schon die Markenmappe geöffnet hat, zögert und starrt sie misstrauisch an.

»Fünfzig? Und wofür?«

»Für einen Todesfall in meiner Familie … die Trauerkarten …«

Sie hat einen mitleidserregenden Gesichtsausdruck aufgelegt und lächelt ihn traurig an. Der Mann wirft einen Blick auf das Hakenkreuz und sein Blick fällt auf die Reihe der Wartenden hinter ihr. Gut, er hat keine Zeit zu vergeuden und diese Kleine kann doch kein Wässerchen trüben.

Als sie mit dem Umschlag mit den fünfzig Briefmarken in der Manteltasche auf die Straße tritt, lächelt sie vor sich hin und freut sich bei dem Gedanken, die Marken gleich vor ihren Kampfgenossen zu schwenken: »Abrakadabra – was sagt ihr dazu?«

3

Mittwoch, 17. Februar 1943

Sophie hat gerade zehn Tage in Ulm verbracht. Ihre Mutter ist krank, wie so oft. Sie ist zehn Jahre älter als ihr Mann und mit ihrer Gesundheit steht es nicht zum Besten. Wenn sie wüsste, dass zwei ihrer Kinder im Widerstand sind, würde sie den Schock nicht überstehen. Die Angst, sie zu verlieren, würde sie umbringen.

Ihr Vater hingegen macht keinen Hehl aus seinen politischen Überzeugungen, aber um nichts in der Welt würde er seine Kinder ermutigen, ihr Leben zu riskieren, vor allem nicht Sophie, die er abgöttisch liebt. Jedes Mal, wenn sie sich verabschieden, sei es für ein paar Tage oder für länger, ist er ganz aufgewühlt. »Pass auf dich auf«, sagt er dann und umarmt seine Jüngste mit Tränen in den Augen. Er ist ein großer, ruhiger Mann mit schütterem Haar. Er trägt einen gemütlich wirkenden Schnurrbart.

»Du machst doch keine gefährlichen Sachen, oder?«, fragt er sie eines Abends.

»Nein, Papa, mach dir keine Sorgen.«

»Und Hans?«

»Der auch nicht, Papa, mach dir keine Sorgen.«

Während dieser zehn Tage hat sie sich um den Haushalt gekümmert, die Wäsche gemacht und gekocht. Aber sie ist auch spazieren gegangen, hat Musik im Radio gehört und ein wenig gezeichnet. Sie hat zwei Briefe an Fritz geschrieben: »Hier herrscht ein rechtes Aprilwetter. Schnee löst den Sonnenschein ab und ich muss gestehen, ich bin nicht minder kindischer Stimmung, ohne besonderen Anlass. Wahrscheinlich als Reaktion auf die ganze Zeit bisher steigen harmlose, farbenreiche Zukunftsträume auf.«

Dann ist sie wieder zurück in München und es gibt Neuheiten! Während ihrer Abwesenheit haben ihre Kameraden keine Zeit verloren. Sie haben wieder »Nieder mit Hitler« und »Freiheit« meterhoch auf Mauern gemalt, mitten im Stadtzentrum, und mit Teer diesmal, damit es auch hält! Und sie haben das sechste Flugblatt aufgesetzt, verfasst von Professor Huber. Er ruft dazu auf, sich dem Naziterror zu widersetzen und beginnt mit diesen Worten: »Kommilitoninnen! Kommilitonen! Erschüttert steht unser Volk vor dem Untergang der Männer von Stalingrad. Dreihundertdreißigtausend deutsche Männer hat die geniale Strategie des Weltkriegsgefreiten sinn- und verantwortungslos in Tod und Verderben gehetzt. Führer, wir danken dir!« Wenigstens ist die Sache klar. Wenn sie hiermit gefasst werden, werden sie es schwer haben, sich zu verteidigen.

Es ist schon Nacht, als sie in ihren Mantel gehüllt aus dem Haus geht. Ihre Schritte hallen auf dem Asphalt. Auf dem Weg wirft sie einen Brief an ihre Freundin Lisa, den sie nachmittags geschrieben hat, in den Briefkasten.

»Liebe Lisa, ich lasse mir gerade das Forellenquintett vom Grammophon vorspielen. Am liebsten möchte ich da selbst eine Forelle sein, wenn ich mir das Andantino anhöre. Man spürt und riecht in diesem Ding von Schubert förmlich die Lüfte und Düfte und vernimmt den ganzen Jubel der Vögel und der ganzen Kreatur. Die Wiederholung des Themas durch das Klavier – wie kaltes, klares, perlendes Wasser, oh, es kann einen entzücken!«

Sie schaut sich vorsichtig um, bevor sie viermal schnell an die Tür des Ateliers klopft. Christoph Probst öffnet ihr und lächelt.

»Wir warten schon auf dich, Sophie, es gibt viel zu tun!«

»Wie geht es Katja?«, fragt sie.

Katja ist das Neugeborene von Christoph.

»Es geht ihr gut. Komm rein.«

Es amüsiert sie, sich Christoph als Vater von drei Kindern vorzustellen. Er wirkt noch so jung.

Die drei anderen sind auch schon da. Willi Graf verflucht den verflixten Kopierapparat, der schon wieder kaputt ist. Hans sitzt an der Schreibmaschine und schreibt die Adressen der Empfänger auf die Umschläge. Alexander ist damit beschäftigt, die Flugblätter zu falten.

»Lass mich das machen, Hans«, sagt Sophie, »ich tippe schneller als du.« Sie setzt sich an seinen Platz.

Der Vorrat an Briefumschlägen ist fast zu Ende. »Und wieder Arbeit für mich!«, sagt sie sich. Es ist ein nie endendes Problem, der Mangel an Briefumschlägen, an Papier … Papier kaufen sie, manchmal, und sie nehmen es, oft, aus den Schränken der Universität. Professor Huber selbst entwendet es manchmal für sie.

Auch Lebensmittel sind knapp und Sophie bemüht sich ohne Unterlass, trotz der Rationierungen Essen für alle aufzutreiben. So ist es eine reine Freude, ab und zu Pakete mit allerlei Leckereien von den Eltern zu bekommen: ein Kuchen, ein Glas eingelegte Kirschen. Alle bekommen etwas davon. Sie kaufen eine Flasche Wein, sie amüsieren sich, Alexander gibt eine perfekte Imitation von Hitler am Rednerpult zum Besten, den Zeigefinger als Schnurrbart unter der Nase, sie schütteln sich vor Lachen und vergessen für einen Moment ihren so ungleichen, so verzweifelten Kampf.

Die Nacht ist schon weit fortgeschritten, die Müdigkeit überkommt sie. Die wenigen Witzeleien kommen nicht mehr an. Alle rauchen. Alexander seine Pfeife, die anderen Zigaretten.

»Es bleiben so viele übrig …«, bemerkt Christoph, als er den Haufen Flugblätter sieht, die nicht mehr in Umschläge gepackt worden sind.

»Nicht schlimm«, sagt Willi gähnend, »wir verstecken sie im Keller.«

Dann nimmt Hans, der bisher still war, die Flugblätter in seine großen Hände, als ob er sie wiegen wolle:

»Nein, je weniger wir verstecken, desto besser. Ich habe eine bessere Idee. Die Flugblätter richten sich doch an Studenten, also werde ich sie an der Universität verteilen.«

Alle Blicke richten sich auf ihn.

»Und wann?«

»Morgen früh. Ich werde sie in den Fluren und auf den Treppen verteilen …«

Alexander springt auf, plötzlich wieder hellwach.

»Am helllichten Tag? Bist du verrückt geworden?«

»Nein. Ich mache es während der Vorlesungen. Niemand wird mich sehen. Wir müssen jetzt einfach weiter gehen als bisher. Es gärt alles, verdammt!«

»Das ist Selbstmord …«, murmelt Willi, so leise, dass nur Sophie ihn versteht.

Die Diskussion dauert eine halbe Stunde, aber umsonst. Wenn Hans sich etwas in den Kopf gesetzt hat, führt er es auch durch.

»Also gut«, beschließt Christoph, »aber für so eine Aktion muss man zu zweit sein, ich werde mit dir kommen und …«

»Christl!«, schneidet ihm Alexander das Wort ab. »Du weißt sehr gut, dass wir das nicht zulassen. Bestehe nicht darauf, bitte.«

Nach einer kurzen Pause ergreift Sophie zum ersten Mal das Wort. Sie steht an der Tür, hat schon ihren Mantel angezogen, bereit zu gehen.

»Ich gehe mit Hans und ich werde den Koffer tragen. Im Falle einer Kontrolle ist es besser, wenn eine Frau dabei ist. Gute Nacht, Jungs!«

Sie lässt ihnen keine Zeit, ja oder nein zu sagen. Sie wirft ihnen einen Kuss zu und geht.

4

Donnerstag, 18. Februar 1943

An diesem Morgen ist der Himmel wieder mal glasklar. Einige Schneereste blitzen hier und da auf dem Bürgersteig. Es ist fast elf Uhr morgens, als sie zusammen durch die Eingangstür der Universität treten. Die weite, helle Eingangshalle ist zu dieser Zeit menschenleer. Zwei Steintreppen führen an jeder Seite des Lichthofs zum ersten Stockwerk hinauf und dann weiter zum zweiten. Das Tageslicht, das durch die Glaskuppel fällt, ist von intensiver Helligkeit. Sophie hebt den Blick zu ihr empor und blinzelt mit den Augen. Alles ist weiß und hell.

»Beeilen wir uns«, sagt Hans, »wir haben noch zehn Minuten, bis es läutet.«

Ihre Herzen klopfen vor Angst und Aufregung. Sie handeln so schnell und diskret wie möglich: Sie legen kleine Stapel Flugblätter auf den Treppenstufen aus, am Fuß der Treppenpfeiler und auf den Flurböden. Sie reden nicht. Sie entfernen sich, nähern sich wieder, treffen sich, öffnen den Koffer, entnehmen weitere Flugblätter, schließen ihn wieder und machen weiter. Sie hören nichts außer ihrem schnellen Atem und ihren zu laut hallenden Schritten. Auf der ersten Etage legen sie einen Stapel Flugblätter auf das Geländer der Galerie. Sie gehen wieder hinunter.

Das reicht, es ist Zeit zu gehen, das Läuten wird bald erklingen. Nur, es sind immer noch Flugblätter in dem Koffer und es ist besser, das Gebäude ohne kompromittierende Beweise zu verlassen.

»Zum zweiten Stockwerk!«, sagt Hans. »Wir haben noch Zeit!«

Sie rennen die Treppen hinauf. Oben legen sie die restlichen Flugblätter aus und Hans legt einen letzten Stapel auf das Geländer.

»Komm, Sophie! Wir verschwinden!«

Als sie an dem Stapel vorbeikommt, erklingt das Läuten. Sie fegt den Stapel mit dem Handrücken in die Luft, einfach so, ohne Grund. So wie sie manchmal auch ohne Grund fröhlich oder traurig ist.

Die Flugblätter segeln langsam auf die Köpfe der Studentenschar hinunter, als diese aus ihren Vorlesungssälen treten und die Treppen und die Halle bevölkern. Sie fangen die Blätter im Flug, sie heben sie vom Boden auf.

»Halt! Ich habe Sie gesehen! Bleiben Sie stehen!«

Diese schrille Stimme, die den Lärm Hunderter anderer Stimmen übertönt, gehört dem Hausmeister. Er heißt Jakob Schmid. Das ist sein Ruhmestag, das spürt er. Und auch sein Glückstag, denn die Gestapo hat eine hohe Belohnung auf die Ergreifung derjenigen ausgesetzt, die die Flugblätter verteilen, dieser Feinde Deutschlands. Er schubst die anderen Studenten zur Seite, ergreift Hans und Sophie, die gerade die Treppe hinuntergehen, und hält sie am Arm fest.

»Folgen Sie mir! Sie sind festgenommen!«

Hans überragt ihn um einen Kopf, er könnte ihn leicht mit der Schulter zurückstoßen, in der Studentenmenge abtauchen und verschwinden. Aber das tut er nicht. Und Sophie bleibt bei ihm. Schmid führt die beiden in ein Büro, wo sie vorübergehend festgehalten werden. Kurze Zeit später betritt ein Mann mit einem langen Mantel und einem breitkrempigen Hut den Raum.

»Mohr, Gestapo«, stellt er sich vor.

Man zeigt ihm die beiden Verdächtigen, die an der Wand sitzen. Er kontrolliert ihre Ausweise.

»Fräulein Sophia Magdalena Scholl?«

»Ja.«

»Herr Hans Fritz Scholl?«

»Ja.«

»Sie sind Bruder und Schwester?«

»Ja.«

Sophie strahlt eine absolute Ruhe aus.

Hans hingegen windet sich auf seltsame Art und Sophie versteht schnell, warum: In der Innentasche seiner Jacke befindet sich der Entwurf des nächsten Flugblatts, verfasst von Christoph Probst. Er zerknüllt unbeobachtet das Papier und versucht, es loszuwerden. Aber Schmid sieht es mit seinen Luchsaugen und verrät ihn.

»Dieses Flugblatt hat mir ein Student, den ich nicht kenne, gegeben«, verteidigt sich Hans. »Ich habe es noch nicht einmal gelesen …«

Noch während Sophie sich fragt, wie ihrem Bruder eine solch schreckliche Unachtsamkeit unterlaufen konnte, erinnert sie sich, dass sie selbst in ihrer Tasche den Schlüssel zu dem Atelier bei sich trägt, das der Architekt ihnen zur Verfügung gestellt hat … Das Netz zieht sich zu.

Ihnen werden Handschellen angelegt und dann führt man sie schnellen Schrittes durch die Studentenmenge, die in der Universität festsitzt, da sofort alle Türen abgeriegelt wurden. Auch die Telefonzellen sind blockiert. Die Verhaftung dieser Vaterlandsverräter, nach denen man seit Monaten sucht, ist keine kleine Angelegenheit für die Nazis.

Der Sitz der Gestapo befindet sich im Palais Wittelsbach. Dorthin werden die beiden gebracht, jeder in einem grauen Wagen, dort werden sie auch getrennt. Sie tauschen einen letzten Blick aus: *Wir geben nichts zu. – So ist es, wir geben nichts zu.* Sie wird von vorne, im Profil und der Dreiviertelansicht fotografiert.

Hans wird der »Obhut« von Inspektor Mahler übergeben, Sophie bleibt bei Mohr. Er scheint nicht so grausam zu sein, dieser Inspektor. Er ist langsam, sehr geordnet, professionell. Sie sitzt ihm in seinem Büro gegenüber. Er schaut sie kaum an, aber als er dann die Augen auf sie heftet, senkt er seinen Blick nicht mehr, für eine lange Zeit nicht mehr, und sie fühlt sich von seinem Blick durchbohrt. Er hat einen Teil der Flugblätter des heutigen Morgens und den leeren Koffer vor sich.

Es beginnt:

»Scholl, Sophia Magdalena, wohnhaft in Ulm, geboren am 9. Mai 1921 in Forchtenberg, protestantisch.«

»Ja.«

»Geben Sie zu, diese Flugblätter von der Galerie in der Universität heruntergeworfen zu haben?«

»Sie waren schon da, auf dem Geländer. Ich ging vorbei und habe sie mit der Hand angestoßen.«

»Warum?«

»Einfach so. Aus Spaß. So bin ich nun mal.«

»Haben Sie sie gelesen?«

»Nur überflogen. Mein Bruder hat Scherze darüber gemacht.«

»Politische Scherze?«

»Nein, Scherze über das Papier, wegen der Knappheit. Wir sind apolitisch.«

Mohr vertieft sich in seine Unterlagen. Schweigen. Dann geht es von Neuem los. Er befragt sie zu ihrer Ausbildung, zu ihrer juristischen Vorgeschichte, zu ihrem Vater. Er notiert sich einige Antworten, er nimmt sich Zeit.

»Was haben Sie mit einem Koffer in der Universität gemacht?«

»Ich wollte den Zug nach Ulm nehmen.«

»Welchen?«

»Den um 12.48 Uhr.«

»Was wollten Sie in Ulm machen?«

»Meine kranke Mutter besuchen.«

»Mitten in der Woche?«

»Ja, weil ich auch das Baby unserer Nachbarin sehen wollte, die morgen nach Hamburg abreist.«

»Mit einem leeren Koffer?«

»Ich wollte die Wäsche mitnehmen, die ich meiner Mutter letzte Woche da gelassen habe.«

»Sie geben Ihrer kranken Mutter Wäsche zu waschen?«

»Sie war noch nicht krank, als ich ihr die Wäsche da gelassen habe.«

Sie antwortet Zug um Zug. Sie hält seinem Blick stand. Mohr bohrt weiter, versucht, sie der Lüge zu überführen. Er zeigt ihr schweigend, wie exakt die Flugblätter in den Koffer passen. Sie sagt, das sei nichts als Zufall.

»Was hatten Sie in der Universität zu suchen, wenn Sie doch den Zug nehmen wollten?«

»Ich wollte meine Freundin Gisela Schertling sehen. Wir waren zum Mittagessen im Englischen Garten verabredet und ich wollte ihr absagen.«

»Und warum waren Sie mit ihrem Bruder zusammen?«

»Wir gehen oft zusammen zur Universität. Er wollte zur Neurologie.«

»Warum waren Sie im zweiten Stock?«

»Ich wollte Gisela nach ihrer Philosophievorlesung bei Professor Huber abfangen.«

»Das ist im ersten Stock.«

»Ja, aber ich wollte vorher Hans das Psychologieinstitut zeigen, wo ich oft bin, und das befindet sich im zweiten Stock.«

Sie scheint so selbstsicher zu sein, das irritiert ihn, man sieht es in seinen Augen. Sie fügt hinzu:

»Ich verstehe, dass sie uns verdächtigen, aber ich versichere Ihnen, dass wir nichts mit diesen Flugblättern zu tun haben. Ich bedaure es, sie hinuntergeworfen zu haben, das war eine Dummheit.«

Man bringt Mohr ein Dokument, das er aufmerksam liest.

»Fräulein Scholl, Ihr Bruder bestätigt Ihre Erklärungen. Mit einem bisschen Glück sind Sie heute Abend in Ulm. Erleichtert?«

»Ich war nicht beunruhigt.«

Das Gesetz schreibt vor, dass sie dennoch für kurze Zeit inhaftiert bleibt. Sie muss sich ausziehen. Man nimmt ihr alles ab, was sie bei sich trägt: Armbanduhr, Kette und Anhänger. Man gibt ihr ihre Kleidung zurück, sie zieht sich wieder an. Aber in dem Moment, wo sie ihre Entlassungspapiere unterzeichnen soll, wird sie abrupt wieder zu Mohr geführt. Es gibt Neuigkeiten, scheint es, und er sieht sehr verärgert aus.

»Setzen Sie sich.«

Sie setzt sich.

»Haben Sie in letzter Zeit Briefmarken gekauft?«

In diesem Moment, in dem Mohr das Wort »Briefmarke« ausspricht, spürt sie die Gefahr wie ein Tier, das lange um sie herumgeschlichen ist und nun plötzlich aufspringt, wahrhaftig und bedrohlich. Sie lässt sich nichts anmerken.

»Ja. Im Postbüro 23 in der Leopoldstraße.«

»Wie viele?«

»Das weiß ich nicht mehr. Ungefähr zehn Stück zu acht Pfennig, glaube ich.«

»Nicht mehr?«

»Nein.«

Er springt plötzlich auf und schreit:

»Hören Sie auf zu lügen! Hören Sie auf!«

Er öffnet eine Mappe und zieht Bögen mit roten Briefmarken zu acht Pfennig heraus.

»Wir haben Ihre Wohnung durchsucht und haben 140 Briefmarken gefunden! Sagt Ihnen das etwas?«

»Nein, das sagt mir nichts.«

Das bringt ihn aus der Fassung. Und die Schreibmaschine, die sie auch gefunden haben, auf der die Flugblätter getippt wurden? Und das Flugblatt, das sie bei Hans gefunden haben, handgeschrieben von Christoph Probst, der ihr Freund ist, all das sagt ihr nichts? Und das Atelier von Architekt Eickemeyer, kennt sie das, ja oder nein?

Die Mitarbeiter der Gestapo haben schnell und effizient gearbeitet, aber sie leugnet weiter, sie kämpft um jeden Punkt, sie kontert: Nein, ich weiß nicht … Nein … Damit habe ich nichts zu tun … Nein … Nein …

Dann, ohne Überleitung, beruhigt er sich, setzt sich wieder, nimmt aus seiner Schublade ein einzelnes Blatt und reicht es ihr wortlos. Sie erkennt sofort die Unterschrift ihres Bruders, unten. Dann liest sie den Text, den die Protokollführerin auf der Schreibmaschine getippt hat. Hans hat gestanden: Ja, er ist der Verfasser der Flugblätter, ja, er glaubt, dass der Krieg verloren ist, ja, er behauptet, dass Hitler sein Volk opfert.

Sie liest und weiß, dass etwas gerade zu Ende geht und etwas Schreckliches beginnt.

Es ist, als ob sie fällt. Als ob sie fällt, ein innerer Sturz, langsam, sie aushöhlend.

»Geben Sie zu, Fräulein Scholl, dass sie diese Flugblätter zusammen mit ihrem Bruder verfasst und verteilt haben?«

Sie schaut ihm geradewegs in die Augen und lässt die Worte aus ihrem Mund, die sie nach all den Stunden des Lügens befreien und sie gleichzeitig verdammen:

»Ja, und ich bin stolz darauf.«

Schweigen, dann sagt sie:

»Was passiert jetzt mit uns, mit meinem Bruder und mir?«

»Darüber hätten Sie vorher nachdenken sollen, Fräulein Scholl.«

Er, Mohr, scheint betrübt.

5

Samstag, 20. Februar 1943

Inspektor Robert Mohr – ach, er hat den gleichen Vornamen wie ihr Vater – befragt sie zwei Tage und zwei Nächte. Die meiste Zeit bedrängt er sie, Namen zu nennen, er schlägt mit der Faust auf den Tisch, er schreit sie an, um sie einzuschüchtern, er droht ihr:

»Sie wissen, Fräulein Scholl, was Sie erwartet, wenn Sie weiter schweigen: die Todesstrafe. Und Haft für Ihre Familie.«

Er verspricht ihr Strafminderung, wenn sie ihre Komplizen verrät, aber sie bleibt fest:

»Mein Bruder und ich haben die Flugblätter verfasst, wir haben sie vervielfältigt und verteilt, niemand sonst.«

Er bringt erdrückende Beweise an, führt

ihr die Offensichtlichkeit vor Augen. Aber sie beharrt:

»Wir sind nur zwei, mein Bruder und ich, wir haben Tag und Nacht gearbeitet …«

Er will wissen, wer ihre Aktionen finanziert hat, wer das Papier bezahlt hat, die Umschläge, die Briefmarken, die zahlreichen Zugtickets.

»Mein Vater gibt mir 150 Reichsmark pro Monat«, sagt sie, ohne die Miene zu verziehen. »Und wir haben uns Geld von Leuten geliehen.«

»Von wem? Namen!«

Wenn sie nicht mehr weiß, was sie noch antworten soll, oder wenn sie einfach nicht mehr will, schweigt sie. Dann schickt er sie zurück in ihre Zelle, die sie mit einer Gefangenen namens Else Gebel teilt. »Sie haben mich zu dir gesteckt, damit du dich nicht umbringst«, hat diese ihr gleich am ersten Tag gesagt.

Eines Nachts, als sie trotz des unerträglichen Lichts, das niemals ausgeschaltet wird, tief und fest schläft, wird sie zu einem weiteren Verhör abgeholt. Sie geht die Flure hinunter, halbtot vor Müdigkeit, begleitet von einem Wärter, der genau so müde ist wie sie. Mohr deutet mit einer Kopfbewegung auf ihren Stuhl, stellt ihr eine Tasse Kaffee hin und bietet ihr eine Zigarette an, die sie ablehnt. Er geht langsam im Zimmer auf und ab, geht zum Fenster, schaut hinaus, dreht sich um und schaut sie intensiv an.

»Ich habe einen Sohn, Fräulein Scholl, er ist ein Jahr jünger als Sie, er ist an der Ostfront …«

Sie schweigt. Worauf will er hinaus? Der Kaffee ist gut, aber sie würde jetzt lieber schlafen. Ob sie ihren Bruder ebenso quälen, in der Nacht?

»Sie haben niemanden getötet. Sie haben nur mit Worten gekämpft.«

Sie gibt sich nicht die Mühe, zu antworten. In der Tat, sie hat niemanden getötet. Mohr setzt sich endlich, spricht leise, zögert. Auch er scheint erschöpft zu sein. Aber etwas scheint ihn umzutreiben.

»Sind Sie sich darüber bewusst, was Sie Ihren Eltern antun?«

Ihr Herz zieht sich zusammen. Er hat gut gezielt. Natürlich ist sie sich darüber im Klaren. Es ist sogar die einzige Sache, die sie bedauert und die sie zum Weinen bringt, sobald sie daran denkt. Was den Rest angeht, so ist sie mit sich und ihrem Gewissen im Reinen.

»Und wenn …«, beginnt Mohr in der Stille der Nacht, so leise, dass man ihn kaum versteht, »wenn Sie sagen, Sie wären von Ihrem Bruder zu allem verleitet worden … dass Sie ihm vertraut haben und dass … dass Sie es bereuen, dass Sie nicht die gleichen Ansichten wie er haben … Es würde nicht bedeuten, dass Sie Ihre Freunde verraten, wenn Sie das sagen …«

Sie setzt die Tasse ab und wischt sich den Mund ab.

»Es würde bedeuten, dass ich die Sache verrate, Herr Mohr. Ich bereue nichts. Ich würde es immer wieder tun. Genau so.«

6

Sonntag, 21. Februar 1943

Es ist Sonntag. Es ist immer noch erstaunlich schönes Wetter. Sophie betrachtet den blauen Himmel hinter den Gittern ihres Fensters. Dieses Licht. Es ist unendlich. Sie stellt sich die Menschen vor, die in nur wenigen Metern Entfernung in Freiheit herumspazieren. Noch vor einer Woche war sie in Ulm, bei ihren Eltern. Wissen sie überhaupt, was ihr widerfahren ist? Wie geht es ihrer Mutter? Was wird ihr Vater sagen? Er wollte immer, dass sie »aufrecht« sei! Ist sie aufrecht, jetzt? Sie wünscht sich, mit ihrem Bruder reden zu können, aber sie hat ihn seit ihrer Verhaftung nicht mehr gesehen.

Man bestellt sie zum Staatsanwalt, der ihr die Anklageschrift überreicht. Sie wird der »Vorbereitung zum Hochverrat«, der »Wehrkraftzersetzung« und der »landesverräterischen Feindbegünstigung« angeklagt! Wenn es weiter nichts ist!

Man muss kein Jurist sein, um zu verstehen, was das bedeutet: die Todesstrafe. Die Verhandlung findet schon morgen statt.

Kurz vor Mittag hat Else, die in der Aufnahme arbeitet, ihr erzählt, dass gerade ein weiterer Verdächtiger verhaftet wurde.

»Weißt du, wie er heißt?«

»Christoph Probst.«

Das erste Mal bricht sie zusammen. Sie sieht Christoph vor sich, glücksstrahlend, seinen zweijährigen Sohn auf den Schultern. Und die kleine Katja, die heute gerade mal einen Monat alt ist …

Sie erhält Besuch von Anwalt Klein, ihrem Pflichtverteidiger. Er ist noch jung, ein Student, würde man sagen, mit seiner umrandeten Brille.

»Hat mein Bruder als Soldat das Recht auf eine militärische Hinrichtung?«, fragt sie ihn. »Wird er erschossen?«

Er hat keine Ahnung.

»Und ich, werde ich erhängt oder geköpft?«

Auch das weiß er nicht und diese Frage, von einem Mädchen gestellt, schockiert ihn. Er druckst herum. Sein Auge zuckt nervös.

»Wird man meine Familie verhaften?«

Er weiß es nicht. Er weiß gar nichts. Am Ende wirft er ihr vor, dass es nicht sein Fehler sei, dass sie hier sei, dass sie allein an ihrer Situation schuld sei und er verspricht ihr, dass Richter Freisler morgen »schon Recht sprechen werde«.

Der Anwalt ist gegangen. Kein Verhör heute. Sicherlich ist Mohr überzeugt, dass sie nichts mehr sagen wird. Else ist nicht da. Die Stille wiegt schwer in der Zelle, sie ist das erste Mal seit ihrer Verhaftung alleine. Sie lehnt sich an die Mauer und spürt, wie sich ihre Kehle zuschnürt. Sie meint, weinen zu müssen, aber es ist ein Schrei, ein langes, animalisches Heulen, das von ganz tief unten aus ihrem Bauch hochkommt.

Sie fühlt sich danach ein bisschen besser. Sie geht zum Fenster, um noch einmal den Himmel zu betrachten. Sie faltet die Hände:

»Lieber Gott, ich bin so hilflos. Nimm mich auf und führe mich, wie es dir gefällt, ich bitte dich, ich flehe dich an.«

7

Montag, 22. Februar 1943

»Ich hatte einen komischen Traum, Else.«

Die zwei Gefangenen sind gerade aufgewacht und unterhalten sich mit gedämpfter Stimme, von Pritsche zu Pritsche.

»Ich führte ein Kind zur Taufe. Um zur Kirche zu gelangen, musste man einen Berg erklimmen und der Weg war steil. Aber ich hielt das Kind fest in meinen Armen. Plötzlich tat sich eine Felsspalte vor meinen Füßen auf. Ich konnte gerade noch das Kind sicher auf den anderen Hang legen, bevor ich in den Abgrund stürzte.«

Ein Vogel fliegt am Fenster vorbei, im Hintergrund der blaue Himmel, man hört seine Flügelschläge. Der Tag wird wieder schön werden.

»Das Kind steht für unsere Sache«, erklärt Sophie, »und ich opfere mich für sie.«

Um neun Uhr wird sie abgeholt. Sie verabschiedet sich von Else. Auf den Rücken der Anklageschrift hat sie das Wort »Freiheit« geschrieben.

Der Gerichtssaal im Justizpalast von München ist voll mit uniformierten Offizieren, mit Gestapoleuten und Angehörigen der nationalsozialistischen Partei. Als sie eintritt, sieht sie Hans und Christoph, die schon auf der Anklagebank sitzen. Es gelingt ihr, die Hand ihres Bruders zu berühren.

»Geht es dir gut, Sophie?«, fragt er.

»Es geht«, antwortet sie und bemüht sich mit aller Kraft, ihm ein Lächeln zu schenken.

Die drei werden von Polizisten getrennt, die ihnen untersagen, miteinander zu sprechen. Sie findet, dass Hans furchterregend blass ist. Auch Christl scheint sehr beunruhigt und seine Augen sind rot unterlaufen.

Der Richter Roland Freisler tritt ein. Er

stolziert in seinem blutroten Gewand mit Goldornamenten zum Richterstuhl. Er hat eine Halbglatze und einen hochmütigen, verachtenden Blick. Er wurde extra mit dem Flugzeug aus Berlin geholt und Sophie kennt seinen furchtbaren Ruf: Er ist unerbittlich und liebt es zu demütigen. Er steht wie kein anderer für die Unrechtsjustiz der Nazis.

»Heil Hitler!«, ruft er, den rechten Arm hochgerissen.

»Heil Hitler!«, antwortet der Saal, alle mit erhobenem Arm, außer den drei Beschuldigten.

Christoph muss als Erster auf die Zeugenbank. Freisler greift ihn sofort an, indem er den Flugblattentwurf schwenkt, den Christoph handschriftlich verfasst hat. Christoph gelingt es, unter den lauten Verfluchungen Freislers ein paar fast unhörbare Sätze zu sagen: Er habe weder an der Ausarbeitung der Flugblätter teilgenommen, noch an deren Verteilung … Er sei Vater von drei kleinen Kindern … Er sei depressiv, apolitisch …

Er … Freisler unterbricht ihn schreiend, bezeichnet ihn als Lügner, als Dummkopf, als Versager. Seine Kinder bräuchten sicherlich keinen solch erbärmlichen Vater. Christoph weiß, dass es um sein Leben geht, also senkt er den Kopf und lässt sich beschimpfen. Sophie leidet mit ihm.

Mit dem nächsten Angeklagten hat Freisler es schwerer. Hans bekennt sich schuldig und steht Rede und Antwort hinsichtlich seiner Aktionen, was ihm die Freiheit gibt, die Beleidigungen zu kontern und mit gleicher Heftigkeit zurückzuschlagen. Sophie, die ihren großen Bruder so gut kennt, hätte nie gedacht, dass er fähig sei, ganz allein einer solchen Macht die Stirn zu bieten. Sie spürt, dass er schäumt vor Wut und Empörung.

»Ich war Soldat an der Ostfront, Sie nicht!«, wagt er Freisler entgegenzuhalten, was diesen offensichtlich trifft. Und er fährt mit lauter, fester Stimme fort: Nein, er ist kein Parasit, das Studium ist seine Aufgabe. Ja, er prophezeit die Niederlage der Wehrmacht und er ist der Überzeugung, dass Hitler Deutschland in die Katastrophe führt. Das ist zu viel für Freisler, dem die Augen aus dem Kopf treten und dem die Adern auf seiner Stirn fast zu platzen drohen:

»Seien Sie still, Sie mieser Schweinehund! Wie können Sie es wagen, unseren Führer vor dem Gericht zu beleidigen?«

Zurück auf der Anklagebank droht Hans in Ohnmacht zu fallen. Er zittert, schließt die Augen. Sophie hat Angst, dass er zusammenbricht. Freisler entgegenzutreten, seiner verbalen Gewalt zu widerstehen, seiner Verachtung, seiner unerträglich lauten Stimme, ist eine harte Prüfung für Körper und Geist. Hans hat alles gegeben.

»Sophia Magdalena Scholl!«, schreit Freisler.

Sie tritt in den Zeugenstand. Sie redet sich leise zu: aufrecht bleiben (ja, Papa, »aufrecht«) … nicht vor ihnen weinen … nur das Nötigste antworten … nicht wie Hans, sie hat nicht die Stimme, noch hat sie die Kraft dazu.

»Schämen Sie sich nicht, solch diffamierende Flugblätter an der Universität zu verteilen?«

»Nein, ich schäme mich nicht.«

»Sprechen Sie lauter, man kann Sie nicht hören!«

»Nein, ich schäme mich nicht.«

Auch ihr gelingt es, Freisler sprachlos zu machen:

»Das, was wir gesagt und geschrieben haben, das denken viele Leute, aber sie wagen nicht, es auszusprechen.«

Und ein wenig später:

»Wir wollen den Menschen die Augen öffnen und das schreckliche Blutbad anprangern, das …«

Er unterbricht sie brutal, beschimpft sie:

»Sie schreiben in Ihren Flugblättern, dass Sie sich von den Untermenschen des Nationalsozialismus distanzieren wollen; schauen Sie sich an, Fräulein Scholl, dann sehen Sie, was ein Untermensch ist!«

Er beschuldigt sie des Hochverrats, weil

sie Papier der Universität gestohlen hat. Als sie sich nochmals verteidigen will, schickt er sie zurück auf die Anklagebank. Als sie gerade dort wieder Platz nehmen will, öffnet sich eine Seitentür und in dem Tumult, der dadurch zustande kommt, sieht sie einen korpulenten Mann, der sich mit den Ordnungshütern streitet. Sie traut ihren Augen nicht: Es ist ihr Vater, der die Unruhe im Saal verbreitet! Und ihre Mutter ganz dicht hinter ihm. Die beiden scheinen wie aus einer anderen Welt zu kommen.

»Lassen Sie mich los«, schreit Herr Scholl, »das sind meine Kinder, ich will sie verteidigen …«

Man hindert ihn daran, in den Saal vorzudringen und zu sprechen. Freisler ordnet an, sie des Saals zu verweisen.

»Es gibt noch eine andere Gerechtigkeit!«, kann der Vater noch rufen, bevor man ihn hinausdrängt.

Sophie setzt sich hin, von Emotionen überwältigt, und sie steht noch unter Schock, als

Freisler sie wieder nach vorne ruft: Haben sie noch etwas zu sagen vor der Urteilsverkündung? Christoph spricht als Erster:

»Lassen Sie mich am Leben, für meine Kinder. Ich habe alles gestanden.«

Hans kommt als Zweiter an die Reihe:

»Ich bitte, diesen Mann zu verschonen und nur mich zu bestrafen.«

Freisler entgegnet aufbrausend:

»Wenn Sie für sich selbst nichts vorzubringen haben, schweigen Sie gefälligst!«

Sophie ist die Letzte.

»Fräulein Scholl, was haben Sie zu sagen?«

Sie hat diesem Mann nichts mehr zu sagen. Sie schaut ihn nur an und sieht ihn doch nicht mehr. Sie schweigt.

Um 13.30 Uhr ziehen sich die Richter zurück. Um 14.00 Uhr sind sie wieder im Saal. Die Zuhörer erheben sich, um das Urteil zu hören, das Freisler mit dieser erschreckenden Sicherheit jener, die nie zweifeln, verkündet:

»Im Namen des Deutschen Volkes, in der Strafsache gegen Hans Fritz Scholl aus München, Sophia Magdalena Scholl aus München und Christoph Hermann Probst aus Aldrans, aufgrund der Hauptverhandlung am 22. Februar 1943, hat der Volksgerichtshof für Recht erkannt: Die Angeklagten haben im Kriege in Flugblättern zur Sabotage der Rüstung und zum Sturz der nationalsozialistischen Lebensform unseres Volkes aufgerufen, defätistische Gedanken propagiert und den Führer aufs Gemeinste beschimpft und dadurch den Feind des Reiches begünstigt und unsere Wehrkraft zersetzt. Sie werden deshalb mit dem Tode bestraft. Ihre Bürgerrechte haben sie für immer verwirkt. Als Verurteilte müssen die Angeklagten auch die Kosten des Verfahrens tragen.«

Das Gefängnis von Stadelheim befindet sich in der Nähe des Friedhofs, am Rande des kleinen Walds von Perlach. Auf den Tisch in

Sophies Zelle hat man einige Blätter Papier und einen Stift gelegt.

»Wenn Sie einen Abschiedsbrief an jemanden schreiben möchten, Fräulein Scholl«, sagt die Wärterin, »rate ich Ihnen, es jetzt zu tun.«

»Das Gesetz sieht eine Wartezeit von 99 Tagen bis zur Vollstreckung vor.« erinnert sie Sophie, aber die Wärterin unterbricht sie mit einer Kopfbewegung.

»Machen Sie schnell, Fräulein.«

Sie sitzt an ihrem Tisch und der Stift zittert in ihrer Hand. Sie, die sie Hunderte Briefe geschrieben hat, schafft es nicht, das erste Wort für diesen einen Brief zu finden. »Mein liebster Fritz …« beginnt sie endlich. Sie weiß nicht, dass dieser Brief nie ankommen wird.

Gegen 16 Uhr kündigt man ihr den Besuch ihrer Eltern an. Sie geht auf sie zu, aufrecht und lächelnd. Die breite Barriere zwischen ihnen hindert sie daran, sich so nahe zu kommen, wie sie es gerne würden. Ihre

Mutter reicht ihr still die Süßigkeiten, die ihr Bruder nicht herunterbekommen hat. Sie hat die Kraft, sie zu nehmen und zu essen. Es ist wie eine Kommunion.

»Nun wirst du also nie mehr zur Tür hereinkommen?«, fragt die Mutter.

»Wir werden uns bald wiedersehen«, antwortet Sophie.

Sie beten beide zu Gott.

Dann sagt ihr Vater die Worte, auf die sie gewartet hat:

»Du hattest Recht, Sophie, du hast richtig gehandelt, ich bin stolz auf dich.«

Danach ist kein weiteres Wort mehr möglich. So beugen sie sich so weit es geht über die Barriere und halten sich lange und fest in den Armen, alle drei.

Als sie in die Zelle zurückkehrt, trifft sie Inspektor Mohr. Es ist das erste Mal, dass er sie in diesen Tagen weinen sieht.

»Ich habe mich gerade von meinen Eltern verabschiedet«, erklärt sie und wischt sich die Tränen ab, »Sie werden begreifen.«

Er begreift. Er weiß nicht, was er sagen soll. Er begnügt sich mit einem Kopfnicken.

Es ist gegen die Vorschriften, aber die Gefängniswärter gestatten den drei Verurteilten, sich ein letztes Mal vor der Hinrichtung zu sehen. Sie bieten ihnen eine Zigarette an und gewähren ihnen einige Minuten zusammen.

Hans und Christoph tragen die Gefängniskleidung. Sophie trägt ihre eigenen Sachen, die man ihr die ganze Zeit gelassen hat. Sie gehen aufeinander zu und stehen sich im Dreieck gegenüber. Sie sind ruhig. Sie reichen sich die Zigarette weiter und lächeln sich an.

»Ich wusste nicht, dass Sterben so leicht sein kann«, sagt Christoph, »in wenigen Minuten sehen wir uns in der Ewigkeit wieder.«

Sie umarmen sich schweigend.

Sophie wird als Erste gerufen. Man legt ihr Handschellen auf dem Rücken an und führt sie vor einen Beamten, der ihr die Ablehnung ihrer Begnadigung durch das Justizministerium verliest. Dann führen sie zwei Männer über den Hof, jeder einen Arm haltend. Es ist 17 Uhr. Sie richtet den Blick auf die untergehende Sonne, die über die Gefängnismauern fällt und ihr goldenes Licht auf die Steine wirft.

Sie durchschreiten ein Tor und gehen in ein leeres Zimmer. Fast leer … Das Fallbeil erwartet sie, mit der glänzenden Schneide oben. So sieht also ein Fallbeil aus, das wusste sie bisher nicht. Was soll's.

Man packt sie, hebt sie hoch und legt sie auf den Bauch.

Sie hat keine Angst. Sie ist 21 Jahre alt und es ist bald Frühling. In wenigen Sekunden ist sie das, wovon sie so lange geträumt hat, kein freies und vergnügtes Tier, kein Himmel, kein Baum, nicht einmal eine Pflanze: nur ein kleines Stückchen Rinde.

Auch sie haben Nein gesagt

Was aus den anderen wurde

Hans Scholl wurde gleich nach seiner Schwester hingerichtet. Er rief »Es lebe die Freiheit«, bevor er starb, und seine Stimme hallte durch das ganze Gefängnis. Christoph Probst folgte ihnen in den Tod.

Alle drei wurden noch am gleichen Abend auf dem Friedhof am Perlacher Forst, im Süden von München beerdigt. Dort liegen sie begraben bis heute, dort können ihre Gräber besucht werden.

Einige Tage nach ihrer Hinrichtung wurden alle Mitglieder der Familie Scholl inhaftiert. Robert Scholl, der Vater, wurde zu zwei Jahren Zuchthaus verurteilt. Nur der jüngste Bruder Werner konnte seiner Verhaftung entgehen, weil er zurück an die Ostfront geschickt wurde, wo er 1944 vermisst gemeldet wurde. Er kam nie wieder zurück.

Alexander Schmorell und Professor Kurt Huber wurden ihrerseits im Juli 1943 festgenommen und nach einem zweiten, ebenso unfairen Prozess hingerichtet. Willi Graf wurde im Oktober desselben Jahres geköpft. So starben die sechs wichtigsten Mitglieder der studentischen Widerstandsgruppe von München.

Gut zu wissen, dass ihr sechstes Flugblatt, eben dasjenige, das zu ihrer Verhaftung geführt hat, schließlich über Skandinavien Großbritannien erreichte, von wo aus es im Juli 1943 in fünf Millionen Exemplaren (kein Vergleich zu den paar Hundert in Sophies Koffer …) von den Flugzeugen der Royal Airforce über Deutschland abgeworfen wurde.

Man darf auch diejenigen nicht vergessen, die Hans, Sophie und ihren Kampfgenossen zur Seite gestanden haben: Otl Aicher, Lilo

Furst, Traute Lafrenz und andere, die transportiert, versteckt, unterstützt und finanziert haben.

Auch nicht vergessen sollte man die kleine Abiturientengruppe in Ulm, Jungs und Mädchen zwischen 18 und 19 Jahren, die die Flugblätter in ihrer Stadt verteilt haben: Hans Hirzel und seine Schwester Susanne, Heiner Guter, Franz Müller …

Alle wurden sie gefasst. Die einen wurden in Konzentrationslager geschafft, andere zu harten Strafen verurteilt.

Die jungen Widerstandskämpfer in Nazi-Deutschland

Das, was besonders beeindruckt und bestürzt bei Sophie, ist ihr junges Alter. Das machte sie zu einer wahren Ikone des neuen Deutschlands. Aber sie war nicht allein.

Man unterschätzt die Zahl der jungen Deutschen, die den Mut hatten, sich dem

Hitler-Terror zu widersetzen. Studenten, Schüler, Arbeiter, es waren Hunderte, die sich nicht unterworfen haben. Sie haben sich geweigert, ihr Gewissen auszuschalten. Sie haben auf die Bequemlichkeit eines Lebens in Gehorsam verzichtet und dafür ein Leben im Untergrund, bestimmt von Angst und Unsicherheit in Kauf genommen, immer mit dem Risiko, für die Sache sterben zu müssen.

Ihr Opfer ist umso höher zu achten, als es für sie eine Auflehnung war gegen bestehende Gesetze, weit verbreitete Ideen und gegen die Erziehung, die sie bei der Hitler-Jugend erhalten hatten. Unter diesen Umständen und gegen die omnipräsente Propaganda Widerstand zu leisten, zeugt von einer großen moralischen Stärke. In den Gerichtsprozessen, in denen sie verurteilt wurden, mussten sie ertragen, als Vaterlandsverräter hingestellt zu werden, sie, die sie ihr Land mehr liebten als ihre Richter.

Viele bezahlten ihr Engagement und ihren Mut mit dem Leben:

Hans Leipelt aus Hamburg. Mithilfe seiner Verlobten Marie-Luise Jahn schrieb er das berühmte sechste Flugblatt ab und verteilte es. Er sammelte auch Geld für die Witwe von Karl Huber. Im Januar 1945 wurde er mit dem Fallbeil hingerichtet, im Alter von 24 Jahren. Und Marie-Luise wurde zu zwölf Jahren Gefängnis verurteilt.

Der junge Kommunist Hanno Günther aus Berlin, mit vier seiner Kameraden verhaftet, wurde im Dezember 1942 im Alter von 21 Jahren hingerichtet.

Herbert Baum, ebenfalls aus Berlin und Kopf einer jüdischen Widerstandsgruppe, starb im Juni 1942 im Gefängnis, vermutlich durch Selbstmord.

Walter Klingenbeck, der in München im Gefängnis saß, weil er 40-mal das V für »Victory« auf die Mauern seiner Stadt geschrieben hatte, wurde im August 1943 im Alter von 19 Jahren hingerichtet.

Helmuth Hübener, der jüngste zum Tode verurteilte Widerstandskämpfer im Naziregime, wurde im August 1942 in Berlin mit der Todesstrafe belegt Oktober 1942 zum Tod durch das Fallbeil verurteilt und hingerichtet. Er war gerade 17 Jahre alt.

All diese Menschen widersetzten sich der Tyrannei in diesen düsteren Zeiten. Sie haben die Ehre ihres Landes gerettet. Sie haben verhindert, dass die Deutschen nach dem Krieg das »auf ewig von aller Welt gehasste und ausgestoßene Volk« wurden. Thomas Mann, der große deutsche Schriftsteller, der in Amerika im Exil war, würdigte sie mit diesen Worten, die im Juni 1943 von der BBC übertragen wurden: »Brave, herrliche junge Leute! Ihr sollt nicht umsonst gestorben, sollt nicht vergessen sein. Die Nazis haben schmutzigen Rowdies, gemeinen Killern in Deutschland Denkmäler gesetzt – die deutsche Revolution, die wirkliche, wird sie niederreißen und an ihrer Stelle eure Namen verewigen, die ihr, als noch Nacht über Deutschland und Europa lag, wusstet und verkündetet: ›Es dämmert ein neuer Glaube an Freiheit und Ehre!‹«

Und in Frankreich …

In Frankreich gab es zur gleichen Zeit eine elsässische Gruppe von antifaschistischen Widerstandskämpfern, »La Main Noire«. Sie bestand aus jungen Männern im Alter zwischen 14 und 18 Jahren. Ihr Anführer, Marcel Weinum, wurde verhaftet, verurteilt und im April 1942 in Stuttgart im Alter von 22 Jahren enthauptet, in derselben Stadt, in der Sophie Scholl einige Monate später ihre Flugblätter verteilte. Sein Kampfgenosse Ceslav Sieradzki wurde von den Wärtern des Internierungslagers Schirmeck zu Tode geprügelt, weil er im Widerstand war. Bei dieser Gelegenheit wurde erstmalig das Wort »Widerstand« von den deutschen Behörden benutzt. Ceslav war erst 16 Jahre alt.

Guy Môquet, ein junger, militanter Kommunist, war 17 Jahre alt, als er denunziert und verhaftet wurde. Er wurde den deutschen Besatzern ausgeliefert und mit 47 seiner Kameraden im Oktober 1941 erschossen.

Die jungen Widerstandskämpfer von heute

Mit Hitler und Stalin war das 20. Jahrhundert Schauplatz der zwei schlimmsten Tyranneien der Menschheitsgeschichte. Sie gehören der Vergangenheit an, aber es gibt nach wie vor autoritäre Regime, in denen jede Art von Auflehnung gefährlich ist. Dennoch sind es oft junge Menschen, angetrieben von ihren Idealen und ihrem Mut, die es wagen, ihre Stimme zu erheben. Und die sich manchmal opfern.

Das Bild des jungen Chinesen, der ganz allein 1989 auf dem Tian'anmen-Platz eine Kolonne von Panzern aufhält, ist um die

Welt gegangen. Aber wie viele unbekannte Kämpfer kommen auf einen spektakulären *Tank Man*?

1988 gingen junge Studenten in Birma auf die Straße, um das Ende der Militär-Junta zu fordern, die schon fast ein Vierteljahrhundert an der Macht war. Aber die Antwort war brutal und der Aufstand wurde blutig niedergeworfen. Tausende Demonstranten starben im Kugelhagel, andere gingen ins Gefängnis. Fünfzehn Jahre später nahmen diese Widerstandskämpfer der »Generation 88«, gerade freigelassen, den Kampf wieder auf.

Der junge Iraner Akbar Amini, der im Februar 2011 auf einen Kran kletterte, um gegen die Diktatur unter Ahmadinedschad zu protestieren, wurde festgenommen, geschlagen, eingesperrt und man ging auch gegen seine Familie vor. Das in einem Land, wo auch Minderjährige zum Tode verurteilt werden können. Nur mit der Hinrichtung muss man bis zum 18. Geburtstag warten.

Das heutige Russland unterdrückt jegliche Art von Protest. Das hat Jekaterina Samuzewitsch, Nadeschda Tolokonnikowa und Maria Alechina, drei junge Frauen der Punkband »Pussy Riot«, nicht daran gehindert, gegen Putin gerichtete Lieder in einer Kirche zu singen. Die beiden letztgenannten wurden im August 2012 zu zwei Jahren Straflager verurteilt. Vor Gericht waren es dann die beiden Frauen, die ihren Anklägern den Prozess gemacht haben: In ihrem Schlusswort erklärten sie, dass sie sogar im Gefängnis freier seien als ihre Richter. Der Medienrummel um ihren Prozess sollte aber nicht davon ablenken, wie stark die freie Meinungsäußerung in diesem Land unterdrückt wird.

Im Tibet führt die Verzweiflung und das Fehlen jeglicher Perspektiven junge buddhistische Mönche dazu, sich selbst zu verbrennen, um die Aufmerksamkeit auf das Leid zu lenken, dass ihr Volk seit der chinesischen Besetzung erleiden muss. Mehr als zwanzig Mönche in etwas mehr als einem Jahr haben so den Tod gefunden. Im Mai 2012 haben sich Tobgye Tseten und Dargye in der Hauptstadt Lhasa in lebende Fackeln verwandelt, obwohl dort seit den Revolten 2008 strengste Sicherheitsstufe herrscht. Tobgye Tseten, gerade 19 Jahre alt, starb an seinen Verbrennungen, Dargye wurde schwer verletzt.

Und man stelle sich den Mut vor, den auch der kleinste Akt an Rebellion in Ländern wie Turkmenistan oder Nord-Korea erfordert. Oder der Wunsch nach freiheitlichem Denken in manchen islamischen Ländern.

Leider wird der Mut und die Leichtfertigkeit der Jugend manchmal auch irregeleitet und ausgenutzt für verabscheuungswürdige Dinge. Kindersoldaten in Afrika und anderen Kontinenten sind ein trauriges Beispiel dafür. Selbstmordattentäter, die für terroristische Akte verantwortlich sind, sind zum Teil erschreckend jung. Umar Fidai, 14 Jahre alt, war am 3. April 2011 an einem Selbstmordkommando in Pakistan beteiligt. Er überlebte und berichtete, wie er gegen seinen Willen von den Taliban rekrutiert und fanatisiert wurde. »Ich weiß nun, das Selbstmordattentate im Gegensatz zu den islamischen Lehren stehen und ich hoffe, dass die Menschen mir verzeihen werden«, erklärt er. Diese Menschen sind zuerst selbst Opfer, bevor sie zu Mördern werden.

Diktaturen, die die Individualität erdrücken, kennzeichnen die Geschichte der Menschheit. Mit Terror und brutaler Gewalt erreichen sie stillen Gehorsam und Unterwerfung. Die Menschen beugen ihren Rücken, ertragen das Schlimmste, weil sie überleben wollen. Aber es gibt immer wieder junge Leute, manchmal noch Kinder, die trotz ihrer Unterlegenheit das Schweigen durchbrechen und zur Revolte aufrufen. Sophie Scholl bestätigte dies im Laufe des Prozesses: »Das, was wir gesagt und geschrieben haben, das denken viele Leute, aber sie wagen nicht, es auszusprechen.« … Aus welchem Holz sind die geschnitzt, die »wagen, es auszusprechen«?

Sie sind wie wir. Sie haben die gleichen Ängste und den gleichen Lebenswillen, aber eine höhere Macht bewegt sie und treibt sie zum Handeln an, manchmal bis zum bitteren Ende. Sophie nannte es ihr *Gewissen*.

Wir sollten zweifellos an sie denken, an Sophie, und sie als Beispiel nehmen, wenn wir versucht sind, der alltäglichen Feigheit nachzugeben. Wir, die wir in einer Demokratie leben, haben die Verantwortung, dieses wunderbare Privileg zu verteidigen. Es geht nicht darum, unser Leben aufs Spiel zu setzen, aber zumindest dürfen wir nicht wegschauen, wenn andere ihre eigenen Gesetze durchsetzen wollen: Dealer, Erpresser, Unterdrücker aller Art. Ob in der Schule, im Fußballstadion, im Bus, auf der Straße, unser gemeinsamer Mut muss Machtmissbrauch und brutale Gewalt auf Abstand halten.

Die schrecklichen Fotos von Sophie Scholl, die am Tag ihrer Verhaftung von der Gestapo gemacht wurden, berühren uns. Ihr zugleich ängstlicher und entrückter Blick, man spürt förmlich ihre Einsamkeit in jenem Moment, und man fragt sich: *Was hätte ich getan*? Dann stellt man sich die nächste, ungleich wichtigere Frage: *Was tue ich*?

Weitere Informationen

Schriften

Briefe und Aufzeichnungen, von Hans Scholl und Sophie Scholl, herausgegeben von Inge Jens, Fischer Taschenbuch Verlag 2005

Sophie Scholl: »Ich würde es genauso wieder machen«, von Barbara Leisner, List Taschenbuch Verlag 2000

Die Weiße Rose, von Inge Scholl, Fischer Taschenbuch Verlag 1993

Damit wir uns nicht verlieren: Briefwechsel 1937–1943, von Sophie Scholl und Fritz Hartnagel, herausgegeben von Thomas Hartnagel, Fischer Taschenbuch Verlag 2008

Filme

Sophie Scholl – Die letzten Tage, von Marc Rothemund, 2005

Die Weiße Rose, von Michael Verhoeven, 1982

Chronologie

9. Mai 1921: Geburt von Sophia Magdalena Scholl in Forchtenberg, Deutschland. Sie ist das vierte von fünf Kindern. Ihr Vater ist Steuerberater. Die Familie ist protestantisch.

1932: Umzug der Familie nach Ulm.

1933: Hitler wird zum deutschen Reichskanzler ernannt und richtet sich absolute Machtbefugnisse ein.

1939: Überfall der deutschen Armee auf Polen und Beginn des Zweiten Weltkriegs.

März 1940: Sophie macht ihr Abitur, kann aber noch nicht mit dem Studium beginnen. Sie absolviert zuerst eine Ausbildung zur Kindergärtnerin und wird dann zum Reichsarbeitsdienst verpflichtet.

Mai 1942: Sophie zieht zu ihrem Bruder Hans nach München und beginnt ihr Biologie- und Philosophiestudium. Im Herbst entdeckt sie die Untergrundaktivitäten ihres Bruders und wird Mitglied seiner Widerstandsgruppe.

18. Februar 1943: Sophie wird von der Gestapo verhaftet, als sie zusammen mit ihrem Bruder Flugblätter an der Universität verteilt.

22. Februar 1943: Sophie und Hans werden zum Tode verurteilt und im Gefängnis von München-Stadelheim mit dem Fallbeil hingerichtet.

Robert Scholl mit seinen Kindern Inge, Hans, Elisabeth, Sophie und Werner um 1930/1931 in Ludwigsburg.

Eine Gruppe der Hitler-Jugend in Berlin, 1938.

Von links nach rechts: Hans Scholl, Sophie Scholl und Christoph Probst, 23. Juli 1942.

Mahnmal für die Geschwister Scholl vor der Ludwig-Maximilian-Universität in München.

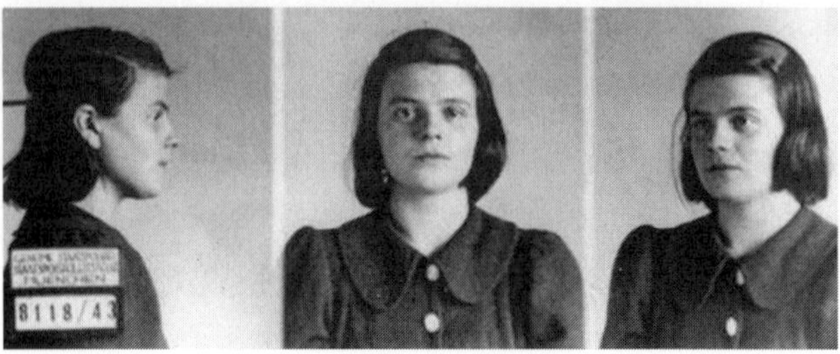

Fotos von Sophie Scholl, die von der Gestapo am 18. Februar 1943 einige Stunden nach ihrer Verhaftung aufgenommen wurden.

Roland Freisler, Präsident des Volksgerichtshofes, der Hans und Sophie Scholl, Christoph Probst und Hunderte andere Widerstandskämpfer zum Tode verurteilte.

Guy Môquet (rechts stehend) mit seiner Mutter und seinem Bruder Serge. Guy Môquet wurde am 22. Oktober 1941 von den Nazis im Alter von 17 Jahren erschossen.

Marcel Weinum, Anführer der »La Main Noire«, einer elsässischen Gruppe von antifaschistischen Widerstandskämpfern. Er wurde verhaftet, verurteilt und im Alter von 22 Jahren im April 1942 in Stuttgart enthauptet.

Ein tibetanischer Mönch hält ein Poster, das einen Mönch zeigt, der sich am 7. Februar 2012 in Siliguri in Indien selbst verbrennt. Seit 2009 haben sich mehr als fünfzig tibetanische Mönche, Nonnen und Laienbrüder selbst angezündet, um die Freiheit für Tibet und die Rückkehr des Dalai Lama zu fordern.

Die Punkband Pussy Riot am 10. Oktober 2012 im Berufungsverfahren vor dem Moskauer Stadtgericht. Von links nach rechts die Mitglieder der Gruppe: Jekaterina Samuzewitsch, Maria Alechina und Nadeschda Tolokonnikowa, angeklagt wegen »Anstachelung zu religiösem Hass« und »Rowdytums«. Die beiden letztgenannten wurden zu zwei Jahren Straflager verurteilt.

Bildnachweise

S. 88 oben: DR; unten: DPA / AFP; S. 89: Gedenkstätte Deutscher Widerstand, www.gdw-berlin.de / AFP; S. 90 oben: DR; unten DR; S. 91: DR; S. 92: AFP; S. 93: DR; S. 94: Diptendu Dutta / AFP; S. 95: Andrey Stenin / Ria Novosti.